AF603269

IMPRIMERIE
ET
LIBRAIRIE.

INSPECTION.

Ourte,
Sambre-et-Meuse,
Meuse-Inférieure,
Roer.

Ourte

arrondissement de Liège

Commune de Voroux-goreux.

Saisie d'un ouvrage imprimé en contravention aux Règlemens.

PROCÈS-VERBAL.

L'an mil huit cent Douze, le lundi trois fevrier, ~~avant midi~~,

Nous, Antoine-Joseph DE MOULIÈRES, *soussigné, Inspecteur de l'Imprimerie et de la Librairie, pour les départemens de l'Ourte, de Sambre-et-Meuse, de la Meuse-Inférieure et de la Roer, à la résidence de Liege, assermenté à la Cour Impériale de cette Ville, y demeurant, rue du Pont-d'Isle, maison Dumoulin*; ~~en exécution des ordres de Monsieur le Directeur Général~~ de l'~~Imprimerie et de la Librairie~~, ~~contenus dans sa Lettre~~ du ~~de l'article 46~~ du ~~et relatifs a~~ ~~Décret du 5 fevrier 1810~~. ayant été informé qu'il existait dans la Commune de Voroux-goreux, Canton de hollogne aux pierres arrondissement de liége, une Impr^ie^ en activité, nous nous sommes rendus dans lad. Commune, où nous avons requis, en l'absence du Maire, le S^r. Louis Defart, son adjoint, demeurant dans lad. Commune de voroux, de nous accompagner, ce qu'il a fait à l'instant; et il nous a conduit de suite, chéz le S^r. Louis Joseph Xavier D'aché, demeurant audit Voroux-goreux, que nous avons trouvé; — lui ayant demandé s'il avait des presses, il nous a dit qu'il ~~nous~~ en avait deux, — avec les caractères assortis pour une, seulem^t. Nous lui avons ensuite demandé a quoi il les employait, il nous a répondu qu'il n'en faisait usage que pour son plaisir, et qu'il ne vendait point les ouvrages qu'il imprimait. A lui demandé quels étaient ces ouvrages, il nous a présenté un — exemplaire du seul écrit, a-t-il dit, — qu'il ait imprimé. Cet ouvrage, en cinq volumes in 8°. est intitulé, tableau historique des malheurs de la substitution, par M^r D'Aché, avec cette épigraphe: Abominabiles regi qui agunt impie;

a. d. ! l. d. l. j. x. d. Dach

quoniam justitia firmatur Solium. Prov. 16. v. 12., a Verviers, chez l'auteur, juillet 1809. Demandé combien il en a d'exemplaires, il a dit qu'il en avait environ quatre cents. Demandé s'il avait soumis son Manuscrit à Monsieur le Directeur général de l'Imprimerie et de la Librairie, conformément aux dispositions énoncées dans le titre trois du Décret du 5. février 1810. il a répondu qu'il n'avait jamais eu connaissance de ce Décret. Lui ayant observé alors, qu'il se trouvait en contravention formelle auxdites dispositions, et à toutes les autres qui ont été faites, et dont l'ensemble forme les Réglemens actuels de l'Imprimerie et de la Librairie, il a répondu qu'il n'avait connu que l'arrêté de M. le Préfet du Dépt. de l'Ourte, par lequel il était enjoint à tous les détenteurs de presses, d'en faire leur déclaration à la Préfecture, et qu'il s'y était conformé.

Nous avons ensuite procédé à l'examen de l'Imprimerie située dans une pièce au rez de chaussée de la Maison occupée par led. S. D'Aché, à gauche en entrant. Nous y avons trouvé deux presses, montées, dont une roulante, et l'autre hors de service; Nous avons trouvé dans la même pièce dix huit casses renfermant tous les caractères, et deux formes prêtes à mettre sous la presse; ~~nous~~ avons apposé les Scellés, tant sur lesd. deux presses, que sur les 18. Casses et les deux formes, après avoir réuni et assujetté ces derniers objets avec une corde; et nous avons laissé le tout sous la garde dud. S. D'Aché qui s'en est chargé, et s'est soumis sous toutes les peines de droit, à représenter lesd. Scellés en bon état à toute réquisition.

Ensuite, † nous avons fait charger sur une voiture que led. S. Desart, adjoint, nous a procurée, la totalité des exemplaires ~~dudit~~ trouvés ~~ouvrage~~, tant brochés qu'en feuilles, et nous les avons fait conduire de suite à la Préfecture du Dépt. de l'Ourte, sous la surveillance du Sr. Athanase

† ayant fait avec led. S. Desart la visite de toutes les pièces de lad. maison, et saisi tout ce que nous y avons trouvé dud. ouvrage, | j. a. d.

Dec [illegible] [illegible]

l. d.

~~Aratt~~ Baratte, Gendarme à la résidence de Liège qui
Led. S. D'Aché nous a observé que n'étant point habitant
de Liège, et n'ayant pas eu connoissance des Réglemens,
il n'a pu s'y conformer ; Mais qu'il est prêt à s'y
soumettre.

Quant aux motifs qui l'ont déterminé à imprimer
l'ouvrage susénoncée, il nous a invité à les consigner
dans le présent Procès-verbal. Ces motifs sont le desir et le besoin
d'imprimer pour sa propre utilité, ~~afin~~ de démontrer
qu'il avait droit au sacrement de baptême, et que
l'abbaye de floreffe, ordre de prémontré, comté de
Namur, l'ayant tenu en prison, pendant dix huit
cent quatre vingt quatre jours et demi, il a cru
pouvoir revendiquer à la charge de lad. abbaye
une somme de dix huit cent quatre vingt huit mille
quatre cent cinquante florins, argent du pays où
l'abbaye l'a tenu en prison, à raison de cent florins
par jour d'emprisonnement.

Lecture faite du présent Procès-verbal, aud.
S. D'Aché, en présence dud. S. Desart, adjoint
du Maire de vorouxgoreux, et dud. S. Baratte,
Gendarme, qu'ils ont signé tous trois avec nous.

fait à vorouxgoreux, dans la Maison dud.
S. Daché, les jour, mois et an que dessus.

Rayé trente huit mots nuls.

+ a été présent tant à la mise de scellé, qu'à la visite de la Maison.

l. j. x. d. d'aché.

A Baratte Gend. Louis desart adjoint

De Moulieres

de Voroux goreux le 11 fevrier 1812.

Vous m'avez dit, monsieur, que vous me rendriez trois exemplaires de mon ouvrage; vous me tiendrez parole quoique vous m'ayez fait grand mal, en m'enlevant le fruit de mes sueurs; j'aurois bien desiré de vous voir, j'aurois meme voulu vous ecrire encore. j'ai tardé un peu; tout etoit sens sus dessous ici, notamment dans les feuilles que l'on m'a laissé. vous verrez par le detail ce que j'ai et ce que je n'ai point.

il me faut les trois exemplaires du 1er tome; deux du 3me, deux du 4me voila pour ce qui est broché; qu'ai je en blanc? je n'ai de la 1re partie du 3me que la lettre n. et une feuille de la lettre o. j'abonde en quelques feuilles de la seconde partie;

il me manque une feuille de la lettre b.
une feuille de la lettre c.
une feuille de la lettre d.
les trois feuilles de la lettre f.
les trois feuilles de la lettre g.
deux feuilles de la lettre k.
une feuille de la lettre n.
une feuille de la lettre p.
une feuille de la lettre x.

vous m'avez dit, monsieur, que vous oteriez le scellé a la fin du mois; je voudrois bien que ce fut plutot. le chat et ma servante sont a chaque instant dans la place ou est me presse, a cause de l'entrée de la cave qui s'y trouve; l'humidité seule pourroit bien faire sauter les cachets. vous sentirez qu'il me seroit desagreable d'etre en but a un nouveau genre de persecution, que je n'aurois pas plus merité que celui que je viens d'eprouver. si vous venez vous meme, veuillez m'en instruire; je serai volontiers chez moi pour vous recevoir.

j'ai l'honneur, monsieur, de vous saluer.

l. j. x. d. d'aché.

A monsieur demoulin, inspecteur de l'imprimerie et librairie,

maison du sieur demoulin, pont d'isle

a liege.

Imprimerie du Sr. d'aché ~ Levée des Scellés

Département de l'Ourte, arrondissement de Liège

Commune de Vorouxgoreux

Nous Louis desart adjoint au maire de la Commune de Vorouxgoreux, en Conformité de l'arrêté de Mr le préfet, en date du vingt et un fevrier mil huit cent douze, nous sommes rendus au domicile du Sr. Louis Joseph Xavier d'aché, à effet de faire la reconnaissance des Scellés apposés le trois du dit mois, sur ses presses, Caractères et ustensiles d'imprimerie par Mr le inspecteur de l'imprimerie et de la librairie, ayant reconnu l'integrité des dits Scellés, en avons effectué la levée et avons fait demonter les presses et emballer les Caractères et autres ustensiles dont la nomenclature suit.

Certifié veritable signé et paraphé pour etre annexé à la minute du procès verbal en datte de ce jour. à Liège le vingt-cinq fevrier mil huit cent douze. [illegible] De Moubière

1 pierre à encre.
2 deux presses, avec les accessoires.
3 trois formes de huit pages, prêtes à mettre en presse.
4 Seize Casses pleines de Caractères.
5 vingt pages de Caractères, avec leurs porte-pages.
6 un marbre.
7 Sept paquets de Caractères.
8 un banc.
9 trois Chassis.
10 trois frisquettes.
11 deux paires de balles.
12 douze Casses vides, dont huit appartiennent à Mr auguste Bassompierre, imprimeur à Liège, patenté.
13 finalement, differens petits ustensiles, tels que jattes, encriers etc.

tous les objets ci dessus designés, ont été de suite chargés sur un chariot, pour être transportés au Secretariat de la préfecture à Liège.

Fait à Vorouxgoreux le vingt cinq fevrier, mil huit cent douze. L.J.X. d'aché. L. desart adjoint.

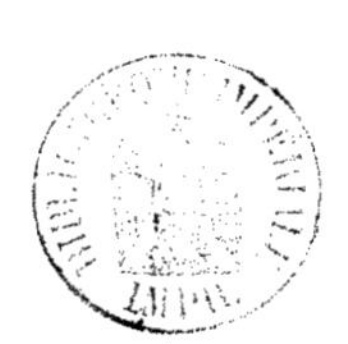

IMPRIMERIE
ET
LIBRAIRIE.

INSPECTION.

OURTE,
SAMBRE-ET-MEUSE,
MEUSE - INFÉRIEURE,
ROER.

Apposition de Scellé sur les objets composant l'Imprimerie du S. D'Aché.

PROCÈS-VERBAL.

L'AN mil huit cent Douze, le mardi vingt cinq février, dix heures du matin, ———

Nous, ANTOINE-JOSEPH DE MOULIÈRES, soussigné, Inspecteur de l'Imprimerie et de la Librairie, pour les départemens de l'Ourte, de Sambre-et-Meuse, de la Meuse-Inférieure et de la Roer, à la résidence de Liege, assermenté à la Cour Impériale de cette Ville, y demeurant, rue du Pont-d'Isle, maison Dumoulin; ~~*en exécution des ordres de Monsieur le Directeur Général de l'Imprimerie et de la Librairie, contenus dans sa Lettre du*~~ ——— ~~*et relatifs à*~~ sur l'invitation que nous en a fait faire Monsieur le Préfet, nous nous sommes rendus à l'instant à la Préfecture, où venaient d'arriver les deux presses, les caractères et tous les ustensiles d'imprimerie appartenant au S. Louis-Joseph-Xavier Daché, dem[t]. à Voroux-goreux; Tous lesquels objets sont détaillés dans le Procès-verbal, en date de ce jour, fait à Voroux-goreux par le S. Dusart, adjoint au Maire de cette Commune, conformément à l'Arrêté de Monsieur le Préfet daté et énoncé aud. Procès-verbal; lequel acte nous avons annexé au présent, après l'avoir signé et paraphé.

On a procédé de suite, en notre présence, au déchargement desdits objets, qui ont été déposés dans une pièce au rez de chaussée, dans l'hôtel où sont les Bureaux de la Préfecture, donnant sur la Cour. Et après avoir cloué les chassis des fenêtres en dedans, nous avons fermé la porte de lad. pièce; nous avons apposé le scellé sur l'entrée de la serrure au moyen d'une bande de papier fixée avec de la cire d'espagne d'un coté sur lad. porte, et de l'autre sur le mur, et nous avons remis la clef à Mr. Liegeard, secrétaire général de la Préfecture du Département de l'Ourte.

Nous avons ensuite fait lecture du présent audit Sieur Liegeard, et l'avons invité de signer avec nous, ce qu'il a bien voulu faire.

fait à Liège, en l'hotel des Bureaux de la Préfecture les jour, mois et an que dessus.

Liegeard — Des Moulieres

aoust

1

Des M.

Lgd

Et le mardi dix huit ~~juillet~~ aoust dit an, avant midi, sur l'invitation que nous en a faite, Monsieur le Préfet par sa lettre du 6. de ce mois, nous nous sommes transportés à l'hotel des Bureaux de la Préfecture, où nous avons reconnu sains et entiers les scellés par nous apposés sur ~~les presses~~ la porte de la salle basse, où sont renfermés les presses, caractères et ustensiles d'imprimerie appartenant au S. Daché, ainsi que le constate notre Procès-verbal du vingt cinq février der. cy-dessus et de l'autre part. Ensuite, conformement à la demande de Monsieur le Préfet portée dans sa lettre sus énoncée du 6. du présent mois,

Lgd — Des M.

nous avons procédé à la levée desd. scellés, afin que l'on puisse mettre en ordre tous les objets composant lad. Imprimerie, qui seront vendus après demain 20. du courant, suivant l'annonce qui en a été faite dans les affiches de la ville de Liège. + ~~Pendant que nous levions~~ # lesd. scellés, est intervenu Monsieur Liegeard, dénommé et qualifié dans notre dit procès verbal du 25. fevr. der. des autres parts à qui nous avions remis la clef de lad. salle basse, et lui ayant fait observer le bon état desd. scellés qu'il a reconnu, il a ouvert lad. porte, a donné les ordres nécessaires pour l'arrangement des objets à vendre, et s'en est chargé jusqu'au moment de la vente.

+ Au moment où nous allions lever #

Fait à Liège les jour, mois et an que dessus, en l'hôtel des bureaux de la Préfecture ; Et a ledit sieur Liegeard signé avec nous, lecture faite./.

Rayé sept mots nuls

De M.

Lgd

Liegeard De Moulieres

de Voroux goreux le 27 février 1812.

je n'ai pas oublié, Monsieur, que je vous ai promis un exemplaire de mon 3me tome, dans le temps que je comptois en recevoir trois. j'envoyai d'abord à l'adjoint maire ce que je pouvois vous donner; considérant qu'il n'étoit point suivi, je le retirai, comptant toujours que vous me donneriez vous même les feuilles dont j'avois besoin pour le compléter. je regrette de n'avoir pu vous obliger : je le ferois volontiers dans l'occasion. enfin, puisque vous y tenez, l'adjoint maire vous remettra tout ce que je vous ai annoncé; il vous sera facile de le completter à la préfecture. une fois complet, je vous prierai de m'en envoyer un exemplaire.

j'ai l'honneur, Monsieur, de vous saluer.

l.-j.-x. d. d'aché.

a Monsieur demoulin, inspecteur de l'imprimerie et librairie,

chez la Veuve demoulin, pont d'isle,

a liege.

IMPRIMERIE
ET
LIBRAIRIE.

INSPECTION.

OURTE,
SAMBRE-ET-MEUSE,
MEUSE-INFÉRIEURE,
ROER.

Ourte
Liège
Pilonnage de l'ouvrage du Sr. D'Aché.

PROCÈS-VERBAL.

L'AN mil huit cent Douze, le lundi dix Sept février, avant midi,

Nous, ANTOINE-JOSEPH DE MOULIÈRES, *soussigné, Inspecteur de l'Imprimerie et de la Librairie, pour les départemens de l'Ourte, de Sambre-et-Meuse, de la Meuse-Inférieure et de la Roer, à la résidence de Liege, assermenté à la Cour Impériale de cette Ville, y demeurant, rue du Pont-d'Isle, maison Dumoulin; en exécution des ordres de Monsieur le Directeur-Général de l'Imprimerie et de la Librairie, contenus* ~~oto~~ *dans sa Lettre du* 17. mai, 1811. — *et relatifs au* pilonnage de tout ouvrage saisi, — nous avons fait conduire dans la manufacture de papier de M. henry Renoz, située dans l'Isle de la Boverie, de l'autre côté de la Meuse, vis-à-vis Liège, à l'embouchure de l'Ourte, tous les exemplaires,+ que nous avons saisi à Voroux-goreux, d'un ouvrage ayant pour titre II: Les Malheurs de la substitution, par M. D'aché; à Voroux-goreux; et nous nous sommes de suite transportés dans lad. Manufacture, où nous sommes arrivé avant le bateau qui contenait les dits exemplaires saisis et nous avons trouvé led. Sr. henry Renoz, demt. à ladite Manufacture. Les papiers susdits ayant été apportés dans ses magazins, sous les scellés que nous y avions apposé, et que nous avons reconnu sains et entiers, III ~~Il a été~~ procédé à l'opération de leur pilonnage, en présence de nous et dudit Sr. Renoz; et à cet effet, les dits papiers ont été déchirés et jettés successivement dans quatre bacs à cylindre, qui ont été remplis d'eau, et dans lesquels lesdits papiers ayant été tournés et retournés avec de forts rouleaux de bois, la — ~~oto~~ en principe

b. A. DeM

\+ tant broché qu'en feuilles,
b. A.
DeM

II Tableau historique
b. A.
DeM

III Nous en avons d'abord fait faire la pesée, qui s'est trouvée monter, pour la totalité, à Cinq Cent quarante neuf Kilogrammes, net. Il a été, ensuite,
b. A.
DeM

trituration s'est faite de manière à les dénaturer entièrement.

Ayant vaqué à cette opération depuis une heure après midi, jusqu'à cinq heures du soir, et n'ayant pu faire pilonner qu'à peu près la moitié desdits papiers, nous avons fait mettre ce qui en restait dans une pièce fermant à clef, et nous avons mis le scellé sur la porte de lad. pièce, en nous ajournant à demain pour terminer ladite opération.

Lecture faite, led. S. Renoz a signé avec nous fait à la Boverie, dans lad. Manufacture, lesd. jour, mois et an que dessus.

Renoz

De Moulières

Et le Mardi dix huit février, mil huit cent douze, à neuf heures du matin, nous étant transporté à la Boverie dans lad. Manufacture, led. S. Henry Renoz, que nous y avons trouvé, nous a conduit à la pièce où nous avions renfermé ce qui restait desd. papiers saisis qui n'avaient pu être pilonnés la veille, et ayant reconnu sain et entier le scellé que nous avions mis sur la porte de lad. pièce, nous l'avons levé, et l'opération du pilonnage a été continuée et terminée, en notre présence et en la présence dud. S. Renoz.

Quant à la valeur desd. papiers, il n'a pas été possible attendu leur mauvaise qualité, et qu'on ne peut les employer qu'à

HR DeM

cent — faire du carton, d'en obtenir plus de douze francs
les cent kilogrammes, ce qui fait, pour les cinq cent
quarante neuf kilogrammes, la somme de —
soixante cinq francs, quatre vingt quinze centimes,
que led. S. Renoz nous a remise à l'instant,
dont quittance. laquelle somme sera par nous
versée dans la Caisse de M. le Receveur général
du Département de l'ourte, après en avoir déduit
les frais de transport et autres.

lecture faite, led. S. Renoz a signé —
avec nous.

fait à la Boverie, dans lad. Manufacture,
les jour mois et an que dessus.

Rayé trois mots nuls.

b. ƒ.

De M

De Moulierez

Renoz

Secrétariat.

On est prié de rappeler dans la réponse l'indication précédente.

Envoyé le récépissé du [illegible] le 1er juillet

Paris, le 11 Mars 1812.

Le Général Baron de Pommereul,

Conseiller d'État, Directeur général de l'Imprimerie et de la Librairie,

à Monsieur De [illegible], Inspecteur de l'Imprimerie et de la Librairie

J'ai l'honneur, reçu vos lettres des 15, 24 février [illegible] Mars relatives à l'ouvrage [illegible] ainsi que les deux exemplaires de [illegible] ouvrage.

J'ai reçu également la note du déboursé [illegible] timbrage de 200 exemplaires du dit ouvrage, elle monte à la somme de [illegible] francs 80 centimes, à laquelle en ajoutant celle de 16 francs pour voiture et guide, il en résulte une dépense totale de . . . . . [illegible] f. 80 c.

Le produit du [illegible] ne montant qu'à . . . [illegible]

Vous voudrez bien faire parvenir à la Direction la différence de ces deux sommes montant à 28 f. 15 c.

Je vais prendre les ordres de S. E. le Ministre de l'Intérieur au sujet des [illegible] d'imprimerie [illegible] à la préfecture de l'[illegible] et vous les ferai connaître aussitôt que je les aurai reçus.

J'ai l'honneur de vous saluer.

Bn De Pommereul

À Monsieur

Monsieur De Moulières

Inspecteur de l'imprimerie

et de la Librairie

[illegible] à ~~Liége~~,

Ourte

Secrétariat.

On est prié de rappeler dans la réponse l'indication précédente.

Paris, le 30 Mars 1813

Le Général Baron de Pommereul,

Conseiller d'Etat, Directeur général de l'Imprimerie et de la Librairie,

À Monsieur [illegible] Inspecteur de l'Imprimerie et de la Librairie

Son Excellence le Ministre de l'Intérieur ayant décidé que les presses, les caractères et les autres ustensiles composant l'Imprimerie du sieur Dache, seraient vendus et que l'argent en provenant serait tenu en réserve pour être remis ensuite à qui de droit après les créances à intervenir, je vous prie Mr l'Inspecteur de vouloir bien procéder à cette vente en adjudication publique où ne seront admis à enchérir que des imprimeurs brevetés ou des fondeurs de caractères. Cette vente sera faite par M. le Préfet lui-même ou par son délégué et visée par vous.

J'ai l'honneur de vous saluer.

Bon De Pommereul

PRÉFECTURE

Copie DU DÉPARTEMENT DE L'OURTE.

Liège le 6 Août 1812.

Imprimerie :
Vente de deux presses

Le Préfet, Chevalier de la légion d'honneur,

A Mr Ansiaux, notaire
A Liège,

Je suis autorisé, Monsieur, à faire vendre deux presses munies de caractères et autres ustensiles d'imprimerie qui sont en ce moment déposés dans une salle de la préfecture. Je désire que cette vente ait lieu le vingt du présent mois à dix heures du matin, et que vous vous en chargiez. Il convient que vous fassiez publier de suite un avis pour l'annoncer et qu'il soit inséré à trois différentes reprises dans la feuille d'annonces de cette ville.

L'avis doit faire connaître,

1° Que la vente se fera publiquement en présence du secrétaire général de la préfecture délégué à cet effet, et au plus offrant et dernier enchérisseur ;

2°

2e Qu'on n'admettra au Concours que des imprimeurs brevetés ou des fondeurs en caractères

3e Que Mr. l'inspecteur de l'imprimerie et de la librairie y assistera;

4e Que les frais d'adjudication seront à la charge de l'acheteur; et que le prix en résultant sera déposé entre les mains de Mr. le receveur général du département, avant l'enlèvement des objets vendus

5e et finalement que les dites presses pourront être examinées à la préfecture la veille de la vente depuis 9 heures jusqu'à 4.

Je vous prie de me faire part de vos dispositions pour l'opération dont il s'agit.

J'ai l'honneur d'être &c

(Signé) Baron de Micoud.

Pour Copie Conforme à envoyer à Mr. l'inspecteur de l'imprimerie et de la librairie ——— à Liège

Le Secrétaire général.

[signature]

1ere DIVISION.

SECTION.

N°.

Rappeler dans la réponse l'indication du Bureau, et celle du numéro ci-dessus.

Imprimerie

Presses à vendre

PRÉFECTURE DE L'OURTE.

Rép. le 10. LIEGE, le 6. Août 1812

LE PRÉFET, CHEVALIER DE LA LÉGION D'HONNEUR,

A Mr. L'inspecteur de l'imprimerie

Et de la librairie A Liège

J'ai l'honneur de vous informer, Monsieur que je viens de prendre des mesures pour que les presses, caractères et ustensiles d'imprimerie appartenant au Sr. Laché actuellement domicilié à Seraing soient vendues publiquement le vingt du présent mois, en suivant la marche prescrite par Son Exce le Mtre de l'intérieur et Mr. Le Conseiller d'état Directeur Gal de l'imprimerie et de la librairie. La lettre que je viens d'écrire à Mr. Anfiaux notaire,

Notaire, et dont je joins copie à la présente, vous fera connaître les dispositions faites à cet égard.

Je vous prie de vouloir bien vous rendre à la Préfecture le dixhuit du Courant dans l'aprèsmi à l'effet de procéder à la levée des Scellés que vous avez apposés sur le local qui renferme ces objets

J'ai l'honneur d'être, Monsieur votre très humble et obéissant serviteur

Bon [illegible]

À Monsieur

l'Inspecteur de l'Imprimerie

et de la Librairie

à Liège

Copie

PRÉFECTURE
DU DÉPARTEMENT DE L'OURTE.

Extrait du registre aux déclarations de vente de meubles préalables.

Le vingt Août mil huit cent douze, est comparu au bureau de l'enregistrement des actes civils à Liège, Mr antoine Ansiaux, homme de Loi demeurant à Liège, fondé de pouvoir de Mr A. J. Ansiaux, notaire à Liège, par acte en forme ;

Lequel a déclaré que ce jourd'hui le dit notaire Ansiaux vendra aux dix heures du matin, à la requête de Monsieur Charles Emmanuel Micoud D'Umons Préfet du département de l'Ourte, à l'hôtel de la préfecture, des presses munies de caractères et ustensils d'imprimerie ; de tout quoi il a requis acte à lui octroyé et a signé ; le receveur de l'enregistrement, signé Renart.

Le vingt août mil huit cent douze, ensuite de la déclaration qui précède, je soussigné antoine joseph Ansiaux notaire pour le ressort de la cour impériale séant à Liège, à la requête et aux ordres de Monsieur le Baron de Micoud, Chevalier de la Légion d'honneur, préfet

du

du département de l'ourte, en présence de Mr Liégeard, Secrétaire général et à l'intervention de Mr antoine Joseph De Montières, inspecteur de l'imprimerie et de la librairie domicilié à Liège, et ensuite des annonces qui ont été insérées trois fois dans les feuilles publiques, a procédé à la vente aux enchères, des objets ci dessous détaillés, aux Conditions suivantes.

1° Les imprimeurs patentés et les fondeurs de Caractères seront seuls admis à enchérir.

2° les adjudicataires payeront Comptant dans les mains du notaire le prix de leur adjudication, ils payeront en outre les honoraires du notaire, les frais d'affiches, timbres et enrégistrement sans diminution du prix, ils devront enlever incontinent après le payement les objets qui leur seront adjugés.

Ces objets proviennent de la saisie en faite chez le Sr Louis Joseph xavier D'achet, demeurant à verons gorens par Mr l'inspecteur le trois fevrier dernier, cette saisie fondée sur la Contravention aux lois et décrets de l'empire et en vertu de l'autorisation de S. E. le Ministre de l'interieur en date du quatorze mars dernier et des instructions de Monsieur le Conseiller d'état, directeur général de l'imprimerie et de la librairie en date du vingt du meme mois.

Lu

La présente vente a été précédée d'une invitation faite au dit S. Dachel en date du Dix du Courant pour se trouver à la dite vente et n'ayant pas obtempéré à cette invitation, nous y avons procédé en son absence.

1º une pierre à laver adjugée au prix de Sept francs à Mr. Latour, imprimeur — 7 . "

2º une presse à imprimer marquée No 1. adjugée au prix de quinze francs à Mr Latour — 15 . "

3º une deuxième presse adjugée à trente quatre francs à Mr. Des-Boubers, imprimeur — 34 . "

4º un marbre adjugé à Mr. Latour au prix de deux francs — 2 . "

5º un Banc adjugé à Mr. Deboubers au prix de un franc Septante Cent.es — 1 . 70

6º Six Chassis de fer adjugés à Mr. Latour pour douze francs quatre vingt Centimes — 12 . 80

7º Un Caractère pesant deux cent trente Cinq Kilogrammes, Caisses de falguière, adjugées à Mr Debou-bers à Cinquante Centimes le Kilo-gramme — 117 . 50

8º Plus Cinq paires de Caisses à deux francs la paire — 10 . "

9º Caractères petit romain et petit textes Caisses déduites pesant quarante Cinq Kilogrammes adjugés au prix — 200 . 00

de

Report — 200 · "

de quarante centimes le Kilogramme à Mr. Lexhay, imprimeur — 18 · "

10° – plus trois paires de caisses à deux fr. la paire — 6 · "

11° – Plus différents ustensiles tels que jattes, galées, coins &c adjugés au prix de un franc quatre vingt centimes à Mr. Latour — 1 · 80

Fait et passé dans un des bureaux de la préfecture en présence de Mr. joseph Etienne Dauvrain, sans profession et de Mr. Jean Vosseur, imprimeur, tous deux de Liège qui après lecture ont avec Mr. le secrétaire général et Mr. l'inspecteur et notaire, signé la présente.

Total de la vente deux cent vingt cinq francs huitante centimes ci — 225 f. 80

Signé J. Liégeard; Demoulières, Dauvrain, J. Vosseur, A. J. Ansiaux, notaire.

Enregistré à Liège le vingt quatre Août 1812, fol. 81 R° C° 4, vol. 93, reçu cinq francs vingt huit centimes le 10e compris (Signé) J. Renart

Pour Expédition (Signé) A. J. Ansiaux

Pour copie conforme à transmettre à Mr. l'inspecteur de l'imprimerie et de la librairie

Le Secrétaire général

Liégeard

1re DIVISION.

SECTION.

No.

Rappeler dans la réponse l'indication du Bureau, et celle du numéro ci-dessus.

Acte de vente de deux presses [illegible]

PRÉFECTURE DE L'OURTE.

Rep. le 31.

LIEGE, le 28 avril 1812

LE PRÉFET, CHEVALIER DE LA LÉGION D'HONNEUR,

A Monsieur l'Inspecteur de l'imprimerie & de la librairie

à Liège

Je viens de recevoir, Monsieur, une expédition en due forme de l'acte de vente de deux presses, munies de caractères & ustensiles d'imprimerie appartenant au Sr. Daché, vente à laquelle il a été procédé publiquement le 20 du courant, en vertu de l'autorisation de S. Excellence le Ministre de l'intérieur en date du 14 mars d.r

Par les instructions de M.r le Dur Gal de l'imprimerie et de la librairie en date du 20 du même mois. Je m'empresse de vous adresser une copie authentique de cet acte.

J'ai l'honneur d'être Monsieur

Votre très humble serviteur

B.on de [illegible]

A Monsieur
L'inspecteur de l'imprimerie
et de la librairie
à Liège

www.ingramcontent.com/pod-product-compliance
Ingram Content Group UK Ltd.
Pitfield, Milton Keynes, MK11 3LW, UK
UKHW021101270726
13994UKWH00009B/1731

9 782329 409429